JN440382

당신이 나의 배후가 되었다

김정신 시집

문학의전당 시인선
0328

당신이 나의 배후가 되었다

김정신 시집

문학의전당

시인의 말

지금껏 살아온 날이 길었고
남은 삶이 버겁다.

마음꽃 한 송이를 피우기 위해
숨죽이던 날이 그 얼마던가?

이제 생(生)의 한 마디를 매듭짓는다.

2020년 7월
김정신

차례

제2부

제3부

제1부

시인

병이 나으면
시인도 사라지리라*

단 한 줄의 시를 위하여
시인은 평생을 병과 함께 산다

오,
언제 사라질지 모를 몹쓸 병이여

이 또한 언젠가 지나가리라

* 진이정 시인의 「시인」 중에서.

나는 이방인이 되었다

마음속으로
빌고 빌었다

새벽 공부를
하루같이 삼 년
나는 약속의 땅에 왔다

그리하여
수없이 오고간
인생의 도상에서
발자국도 없이

약속의 땅에 와서
나는 이방인이 되었다

겨자씨 한 알

씨앗은 땅을 뚫고 나와
꽃을 피웠고

가지에는
공중의 새들이 날아와
보금자리를 폈으며

나무 밑에선
나그네들이 쉬고 있다

겨자씨 한 알
땅에 떨어져
썩어문드러져
고통의 살을 뚫고 나온
생(生)의 거대한 꿈을 본다

철부지 노인

반쯤 몸이 마비돼 그녀의 꽃구경은 남보다 한 발 늦었다

사람을 미워하는 것이 그런 끔찍한 결과를 가져올 줄이야
그녀의 입이 반쯤 돌아가고
그녀의 고개가 그러하고

철부지 노인을 미워한 게 원인이었다
그 노인을 향해 욕을 퍼붓고
다른 이들 앞에서 그 노인을 욕하고
그 노인이 죽기를 얼마나 바랐던가

그러나 그 노인은 끄떡없었다
아들 하나 보기를 갈망하는 노인은
오늘도 아들을 보려나 하는 마음으로
밥을 먹고 변을 보고 숨을 쉬고
끝없이 손가락을 돌려 전화하고

이쯤 되자

분노의 잔을 마시면서
그녀는 꽃구경 대신
눈물마저 마비되는 몸으로
처절하게 노인 구경이나 하기로 했다
노년은 앞으로 그녀가 걸어가야 할 길이므로……

봄날, 버드나무 아래서

실성한 봄날이
집을 나와
널뛰기를 한다

황사바람 속에 낯선 여름과
미친 웃음, 머리카락 휘날리며
오르락내리락하더니
바닥에 뻗어버린 채
일어날 줄 모른다

지나가던 강아지 툭툭 차도
정신없다

언제 돌아오시려나
미쳐버린 서른 살,
내가 그랬었다

병 또는 혹 같은 것

영혼의 두드러기

신이 내려주신 은총이다

동생들은 결혼하여 아이 낳고 키우는 동안

나는 이십 년도 넘게 앓았다

이제,

죽은 내 몸에서

살아 꽃피는 몸꽃을 피울 때가 왔다

몸의 가시, 병, 또는 혹, 시 같은 것

지금껏 버텨온 슬픔의 원천이다

사이

병원 복도에서
J는 동료 의사 K에게
내 진료 차트를 넘겨주고 있었다
K는 내 진료 차트를 팔에 낀 채
내 담당의사가 되어
간호사와 담소하며 지나갔다
J와 K 사이에
내가 원하지도 않는 일이
눈 깜짝할 사이에 일어났고
K는 지나간 뒤 한참을 돌아오지 않았다

나는 병원 복도 끝에서
앞으로 내 운명을 끌고 갈 K를 기다리고 있었다

잠깐 사이에 그 일이 일어났다

어느 날의 깨달음

병원에 놓여 있는 화분에 새겨진 문구

"God bless this home."

'병원'이 'home'이라니?

세상은 알 수 없는 거대한 병원이다

얼음꽃으로 태어나다

나는 죽음의 얼굴을 보았다
벌써 죽음의 노란빛이 보였다

연주가 끝나고
천막은 덮어졌고
피아노는 옮겨졌다

환상 속에 본 등 굽은 천사

내 영혼의 창밖에서
끝없이 이어지는 말들 속에
외출도 못하는 길고 긴 밤들의 행진이여

옷을 찢고
굵은 베를 입으며
재를 무릅쓰고
대성통곡하며
꽃으로 태어나고

나무로 태어날 운명
인간으로 태어나 너무나 고통스러웠다

관 속만이 스위트 홈이라는데
문득문득 생을 포기하고 싶을 때가 한두 번이 아니었다

그렇게 이십여 년이 흘러갔다

퇴원

퇴원하는 날
벽 보고 울었다
벽도 나 따라 울고
그동안의 병도 우는 사이
병의 꺼풀이 벗겨지기 시작했다

당신 손을 잡고 병원 문을 나온 순간,
병원 앞에 서 있는 경찰들에게

"저 사람, 나 잡아가려고 해요"

남편의 간담을 서늘하게 했던 그날……

꿈

꿈을 꾸었다

세상에 태어난 것
차를 마시는 것
친구와 얘기하는 것
운다는 것
아프다는 것
긴 터널 끝이 안 보이는 것

모두 슬픔의 씨앗이다

잠을 자고 나면
죽음도 한바탕 꿈일 것이다

나이아가라 폭포를 바라보는 네 가지 관점

1.
슬리퍼 신고
비닐옷 입고
바람의 동굴을 경유하여
나이아가라 폭포 밑에서
나이아가라 폭포 물을 맞으며
폭포의 위력을 느낀다

2.
유람선을 타고
캐나다 폭포와 미국 폭포 사이를
왔다 갔다 하면서
폭포의 넓이를 느낀다

3.
밑이 뚫린
제트보트를 타고
월풀*을 느낀다

월풀을 만날 때
뚫린 구멍으로부터
물이 솟구쳐 올라올 때
한국인들은 무서워하지만
미국인들은
손을 내저으며
워~워~ 소리 지르며
월풀을 즐긴다
월풀을 즐기는 저들의 힘은 무엇?

4.
헬리콥터를 타고
하늘 위에서
나이아가라 폭포를 내려다본다
나이아가라 폭포와 그 주변 경관 전체를 조망한다

---

* 소용돌이.

고백 1

왜 사는지 몰라
젊음을 탕진하던 무렵

무엇을 먹을까
무엇을 입을까
인생의 숙제가 무거운

동안,

새는 날아와 우짖다 가고
꽃은 피었다 지고
당신이 옆에 있다가 언제라도 갈까 두려워
숨죽이며 울었다

그 울음 끝에
들의 백합, 공중의 새처럼
말씀으로
인고의 세월 꽃피웠다

고백 2

집 바꾸고
차 바꾸고
핸드폰 바꾸고
아내만 바꾸면 되는데
아픈 아내 못 바꾸는
당신,

나는
신(神)이 내린 착한 남편하고 산다

김 노인

입을 비틀기 시작하면
빨래 짜는 것보다 더 심하다

일본 여행 간다는 동네 할매에게
"일본 백화점, 시시하더라. 뭐 살 게 있나?"
손녀 취직한 옆집 노인에게
"병원 안 좋데이. 병 걸린 사람만 보고, 지가 빨리 죽는데이"
간호사가 아니고, 컴퓨터 업무라고 하는데도
"콤퓨타는 병원 거 아이가, 세균 먹고 빨리 죽는데이"

한때 채소 가게를 열어도 보았고
정육점을 내보기도 했지만
문은 쉽게 열리지 않았다

노인은 욕설을 해대며 세상을 비비 꼬고
세상은 김 노인에게 눈길 한번 안 주고

이빨 다 빠지고

틀니로 반쯤 입이 돌아가 버린
김 노인
오늘도 입만 열면 모든 것을 비틀어댄다

냉소는 김 노인이 세상을 건너는 유일한 방식이다

오래된 벽지

벽지 속에서 우주를 보았다
처음에는 단순한 무늬였다가
한참을 보고 있노라니
벽지는 이중의 무늬를 그려 보였다
어찌 보면
내게 결핍된 섹시함을 자랑하는 꽃 같기도 하고
또 어찌 보면 우주를 날아다니는 물체가
금방이라도 튀어나와
나를 잡아갈 것만 같아 발버둥 쳤다
그때 누군가 나를 데려갔다

깨어나 보니,
병원이었고

다시 깨어나 보니,
현실 속에 내가 있었다

얼굴

얼굴이 작아서도 아니요
화상을 입어서도 아니다
오른쪽으로 돌아가는 얼굴이
인형처럼 까딱까딱 움직인다
정신지체아에게는 정말 미안한 말이지만
마치 정신지체아 같다

세상에 태어나 외골수로 살아온 나는

피사의 사탑처럼

얼굴마저 바로 세우기가 힘들어
나도 모르게 얼굴이 찡그려져서
주변에 미안할 때가 있다

증상

하루에 세 군데씩 병원 다녀본 적이 있는가

죽을 맛이지
암, 죽을 맛이지
살고 싶은 마음 있겠는가

그런데 말이야
이건 비밀인데
정형외과 주사가 얼마나 아픈지 알아
가렵고 부풀어 오르는
비염과 결막염 약은 얼마나 독한데
신경외과 약은 던져버리고 싶을 때가 한두 번이 아냐

이건 비밀인데
이런 약 먹는 나는 또 얼마나 던져버리고 싶은데
약 없이 살 수 없는 나는
오늘도 약을 먹으며 살아
하지만 끝까지 살 거야

젊은 날 한때 동경했던
자살하고 싶은 마음 다 버리고……

나의 배후

말을 하지 않아도
가슴 저릿저릿 울려 퍼지는
네 미소 뒤의 슬픔은
오늘의 나를 있게 했다

당신이
나의 배후가 되었다

제2부

물고기 가족

새벽별 보며 나간 어머니는
밤이 되어야 돌아왔다
칠 남매를 고아원에 맡기지 않기 위해
스스로 세상을 헤엄치는 물고기가 되어갔다
그러기를 사십 년
이제 어머니는 파도치는 세상살이 속에서
물고기 가족을 낳았다
갈치, 볼락, 넙치…… 등은
자식들을 부르는 별칭이 되었고
그렇게 우리는
완벽한 물고기 가족이 되었다

그 총각

평생 정리할 줄 몰라
정리를 해보려고
『정리 기술』이란 책을 샀다

어느 날
마음먹고
정리하려고
『정리 기술』을 찾는데
그 책을 어디 두었는지 잊어버렸다

그 총각,
매일 산더미같이 쌓인 물건들 속에서 사는 것은
그 물건들 속에 어린 추억을 버리지 못해서이고
그건 오늘도 그가 살아있다는 증거이다

아버지 아버지 내 아버지

"불쌍한 내 아들, 미쳐서 돌아오다니"

군대 간 최 일병은 뇌염 걸려
미쳐서라도 돌아왔지만

한번 가신 아버지는
가족들에게 돌아와
미안하다는 말 한마디는 해야 되는 것 아닌가

어머니의 훈장

살아생전
어머니는 박사 딸에게 공포였다

한평생을
시장 바닥에서 생선을 팔아
딸 다섯을 대학 보낸 당신이건만
박사 딸은
어머니의 그 험한 세월을 정녕 몰랐다

1년 365일
새벽 네 시부터 밤 여덟 시까지의 일을 마치고
귀가하는 어머니에게서 나던 비린내,
그 비린내가 어머니의 훈장인 것을 딸은 정녕 몰랐다

2013년 11월 첫날,
햇빛 속에서
한 줌의 재를 뿌리며
딸은 있음과 없음의 차이를 분명 보았다

어머니는 가고 없다

하지만 이제 어머니는
살아남은 자의 기억 속에만 존재하는 것을

한 여인의 치열한 삶을 하늘은 알기나 하는가

그 나라는 평안하신가요

어머니
이제 어머니라고 부를 당신도 지상에는 없어요

칠 남매를 낳고
온갖 아픔 참으며

바람 같은 남편을 만나
바람 잘 날 없었던 그날들을 다 이겨내신 당신

"남편 하나 잘 만나야 한다"
우리들에게 평생 단 하나의 노래를 불렀던 당신

제주시 동문시장 길바닥에 퍼질러 앉아
1년 365일, 80세까지 일하신 당신

그러나 어머니,
당신의 영정 사진 앞에서도, 장례식에서도
절 한번 올리지 못했던 이 딸을 용서하세요

이제는 한라산 중허리에 누워
아직도 우리를 보시는 당신

어머니,
당신이 건너가신 그 나라는 평안하신가요?

도쿄 까마귀

도쿄 까마귀는
새벽 네 시면 어김없이 일어나
목을 뽐낸다

스물세 살 처녀로
밀항 간 언니는,
들들들들
재봉틀을 돌리다
고향 사람 만나
자식 낳고
세 아이 결혼시키고도
밤낮으로 일한다

바다 건너간 까마귀,
큰 언니네 재봉틀 돌릴 때
현해탄,
바닷물이 운다

부부

어느 날부터인가
내 존재는 당신에게 짐이 되고 있음을 알았다
병든 아내는 단연 이혼감이었다
그런데도 당신은 아내를 버리지 않고
결혼 후 수차례 병원에 입·퇴원시켰고
이사 갈 때마다 데리고 갔다

병든 아내도
당신에게는
"내 뼈 중의 뼈요 살 중의 살"*일 수 있을까?

---

* 창세기 2장 23절.

환(幻)

첫눈 온
다음날 아침
달리는 택시 안에서
부고 소식을 들었다

병실에 가 보니
마지막 안간힘 속에
공중에서 멎어버린,
당신의 말도, 의식도, 칠십팔 년의 생(生)도
통째로 멎어버린
죽음의 실체를 보았다

입관할 때도
미동도 않는
이미 고인이신 아버님

화장이 끝난 후
당신의 생이 뼈 몇 개로 압축되어버린

유골단지 받들고
흙 속에 파묻는 의식 앞에
돌아오지 않는 먼 길 가신
믿을 수 없는 환(幻)을 바라보는
겨울 식구들

신발들
—홀로코스트 기념관에서

사이프러스여
너는 기억하는가

그대들 끌려가
목욕탕에서 독가스를 마시고
죄수복, 신발들마저 다 벗고
죽어간 그들을 기억이나 하는가

긴 복도
느릿느릿한 음성
희미한 불빛 따라
벽에 박힌 명단들 밑에
지상에서 숱한 거리를 다녔던 신발들
한 무더기 흔적으로 남아,

주인은 어디로 가고
껍데기만 남아
살아온 날들을 증언하는가

사이프러스여

너는, 저 너머로 건너간

그대들 기억이나 하는가

내 마음속 군대

저는 한마디로 군대나 다름없지요
한마디 말에도 눈빛에도 상처를 입어
병원에 입원한 적 한두 번이 아니죠
환자들 중에서도 심한 환자로 격리되어
손발이 묶인 채
갇힌 적 한두 번이 아니죠

제 안에는 저도 모를 군대가 있었나 봐요
세상에 태어나 한 번도 듣도 보도 못한
지옥 체험을 했지요
생지옥을 방불케 하는 생각들은
어디에서 오는 것일까요
하필이면 왜 내게 오는 것일까요
두려움과 공포에 놀란 저를
현대의학으로는 낫게 할 수 없었죠
병은 점점 더 심해지고
저를 사로잡는 그 군대는 누가 보냈을까요
사람들은 말하죠

제가 미쳤다구요

네, 저는 미쳤어요

시에, 사람에, 온갖 사물에 미쳤어요

누가 저를 고칠 수 없을까요

이 세상에서 한 방에 저를 낫게 해줄 사람은 없을까요

오늘도 쇠사슬에 묶인 채 거룩한 말씀을 기다리고 있어요

---

* 마가복음 5장 1~20절.

그리고 다시 세월이 흘렀다

지나온 삶은 공포로 가득 찼다
재발할 때마다
어디서부터 비롯되는지
공포가 나를 둘러쌌다
그때마다 나는 일자리를 잃고
입원과 퇴원을 되풀이해야만 했다
병원에서 한 달에 이만 원을 벌기 위해
장애인 판정 서류를 내는 이가 있음도 보았다
나는 병원 안에서나 밖에서
생기다가는 없어지고
없다가는 되살아나는 기억들이
내 삶의 고리들을 이어가는 사실에 겁이 났다

그렇게 기억의 저편에
퐁당,
빠져버리고 싶을 때가 있었다

그리고

다시 세월이 흘렀다

침술사

바늘 하나 손에 쥐고
볼과 오른쪽 턱 사이
또는 혓바닥을 찌르고
붉은 다리를 찌르는

여기저기
무수한 의심들
우글거리는 환자 벌레들

그 벌레 가운데 입방아로
몇 차례 감옥살이한
여든 살 여침술사는
침 한번 놓는데 오천 원씩
그야말로 순식간에 돈이 친구가 되었다

춤추는 하이힐

1

검붉은 먼지구름, 붉은 바위로 이루어진 가파른 절벽을 휘감으며 피어오른다

2

폭우가 끝없는 번개와 천둥을 동반하는 밤, 어디선가 곰의 으르렁거리는 소리 개들의 짖는 소리 한 무리의 굶주린 하이에나가 벌이는 지옥의 광상곡 속에 얼굴 없는 무녀(巫女)의 양은 밑바닥 긁어대는 소리

3

회색 건물 앞, 키 큰 침엽수와 전나무 단풍나무에 가려진 두 그루 화살나무 낮 간질이는 햇살에 어깨 겨루는 장난도 치다가 어린 화살나무 더는 마주 보기 두려워 스스로 화살 쏘아 운명하다 그 후 어디서 날아왔는지 화살나무 잎새에서 검은 새 한 마리 반쯤 감은 눈과 반쯤 닫은 귀로 운다 마지막 음은 늘 생략한 채 침묵의 방 감싸며 안개를 부른다

기억 속 줄무늬

1

수몰된 지역의 댐
겨울 물빛에
수족관 속 잉어 줄무늬
그 비늘 하나둘 떨어지는
꽃잎 속의 죽음처럼
처절하리만치 아름다운
기억 속의 저 비늘

2

쫓기는 여자
시외버스터미널에 가도
비 새는 자기 집 앞에 와도
소설을 쓰는 여자에게 포위되고
뒤엉킨 곱슬머리 위로 해 넘자
날짜도 도장도 없는 가사표(假辭表)를
미칠 듯이 골목길 돌아
교장실로 가져간 그 여자

3

하얗게 잘려 K읍을 떠나는 여자 뒤로
뿔테 안경 쓴 남자
꼽추인 남자
문제풀이에 베테랑인 여자
검은 물밑에서
그 여자와 손잡고
껄껄껄 웃어대는
저 기억 속의 줄무늬

4

막 병원을 나온 분홍 슬리퍼 줄에
갇혀진 생(生)의 비늘

나에게 밤은

나에게 밤은
금기의 시간이다

내 의식은 낮에만 활동한다
외출했다가도
밤이 되기 전에
집으로 돌아와야 하고
밤에 문빗장을 걸어 잠근 지 오래되었다

병든 세월과 함께
나는 무엇을 보았는가
긴 세월 둘러봐도
아픈 나밖에 없다

아니다
이제 서서히
위로가 필요한 시대에
위로받지 못해 마음 상한 이들에게

위로할 말들이 가득하다

밤이 빛난다

시간강사 1

a는 공부가 좋아 석·박사 과정 거쳐 대학 강단에서 문학을 가르치기 시작했다

선회하여
대학 글쓰기를 가르치며
지금에 이른,

목숨 부지하기에는
턱없이 부족한 길

대학 강의한 지 이십 년 넘게 강의하다 아프면 중도에 내려놓고 차도가 있으면 다시 강의하고를 반복했다

뭐가 잘못된 것일까
꿈꾸지 말 걸 꿈꿨나

잘못 든 지도 위에서
여기까지 올 줄 몰랐다

대한민국에 8만 명에 이르는 aa′ bb′ b″ cc′ c″ c‴……
시간강사들

시간강사 2

시간강사 24년째인
b는

…………

누군가로부터 시간강사란 말만 들어도
온몸이 저려온다

낮은 자의 노래

병(病)은
신(神)이 내린 선물

지상을 건너는 최상의 왕관,
가시떨기였다

입이 전부인 사람

그의 입은 먹기 위해 존재한다
그는 먹기 위해 종일 음식을 만든다
그는 음식을 만들 때 자신이 살아있음을 느낀다
병상에 누워 있어도 이 일은 계속된다
그가 하는 얘기도 먹는 얘기밖에 없다
고로 그의 입은 그냥 구멍이다

그의 입은 욕하기 위해 달려 있다
그는 날마다 욕이란 욕을 마구 퍼부어댄다
듣는 가슴 놀라 아무 말 못해도 아랑곳없다
그의 욕은 듣는 이를 얼어붙게 만들어
옴짝달싹못하게 하는 힘이 있다
고로 그의 입은 존재한다

제3부

종려나무

태풍이 불었어요 다른 나무들은 다 쓰러졌지만 종려나무는 평온했어요 종려나무는 구부러지게 창조되었기 때문에 가지가 휠지언정 부러지지는 않은 거죠 태풍을 이겨낸 종려나무는 오히려 뿌리가 더 강해졌어요

의인은 종려나무같이 번성하며*

당신은 종려나무 같아요

---

* 시편 92편 12절.

순간

꿈에 흰 옷 입은 찬양을 하는 무리들이 있었다 그들을 둘러싼, 검은 마스크 쓰고 피켓을 들고 있는, 마치 홍콩 시위대를 연상케 하는 무시무시한 저들의 모습에 놀라 깨었다 순간 뇌리에 박힌 그 장면은 내가 서 있는 땅이 지옥임을 깨닫게 했다 아, 내가 서 있는 곳이 땅끝이라니!

빵과 포도주

나는 그 이름을 끊으려고
끊겠다고 했어요

그는 너무나 거룩하여
인생의 밑바닥에는 강림하지 않는 줄 알았어요

그러다가 누군가
성찬식 때 먹고 마시는
빵과 포도주가
그리스도의 살과 피를 먹고 마시는 것이라고 일러주었어요

가와사키 코지 코너 33번가에서
먹다 남은
빵과 포도주를 먹고 마시면서
첫사랑이 떠올라 울컥했지요

—내 살을 먹고 내 피를 마시는 자는 영생을 가졌고*

---

* 요한복음 6장 54절.

시내산을 오르며

밤 한 시
달빛 받으며
낙타 타고 시내산을 오른다

돌 사이를 헤치며
나아가는 베두인의 안내에도
떨어질까 두려워
낙타봉을 쥐고
불꽃같이 지켜달라고 기도드린다

열다섯 살 때 새벽기도 가기 위해
장독대에서 하늘을 이불 삼고 자던 그때,
스물네 살 때 홀로 여행하며
교회에서 머물던 그때,
서른한 살 때 병든 몸 이끌고
병원을 집 삼아 살던 그때……

숱한 기억들

낙타와 함께
어둠을 뚫고 지나
마침내 낙타 정거장에 도착한다

한 발 한 발 힘 다해
팔백 계단을 올라
시내산 정상에 이르자
모세가 십계명을 받은 곳에
모세기념교회가 세워져 있다

일행들,
어둠 속에서 눈을 켜고 밝음을 노래한다

잠잠하라 고요하라

그날 저물 때에
저희들은 배를 타고 있었어요
그때 큰 광풍이 일어나며
물결이 배에 부딪쳐 들어와
배에 가득했지요
스승님은 고물에서 베개를 베고 주무시고
저희들은 크게 놀랐어요
무서워서 저희들은 스승을 깨웠어요
그러자 스승은 일어나시더니
바람을 꾸짖으시고
바다를 향해
"잠잠하라 고요하라"라고 말했어요
아, 바람이 그치고 바다가 잔잔해졌어요

그런데 내 마음에 이는 파도는 얼마나 거센가요?
광풍이 일어 앞도 보이지 않을 때가 얼마나 많나요?
오늘 그 음성을 듣기 원해요
거룩한 주의 음성을

"잠잠하라 고요하라"는 음성을
성난 파도, 상한 몸이 놀랄 거예요

---

*마가복음 4장 35~41절.

그의 옷에만 손을 대어도

오랫동안 병을 앓아
이 의사 저 의사에게 다녔어요
의사마다 병명이 다르고
병의 원인조차 몰라요
엄청난 약의 양을 먹었음에도
병은 재발하여
다시 입원하기를 거듭하던 중,
한 소문을 들었어요
그의 옷에만 손을 대어도
신통하게 병이 낫는다는 소문을요
온몸 떨며 무리 가운데 숨어
그분이 지나가기를 기다렸다가
그의 옷에 살짝 손을 대었죠
그의 옷에만 손을 대어도
병이 나으리라 생각했어요
아, 그런데 제 병의 근원이 말랐나 봐요
어떻게 이런 일이
십구 년을 온갖 병원 온갖 의사 만났거늘……

이걸 기적이라고 하나요
신의 은총이라고 하나요
그분 앞에 납작 엎드렸어요

"딸아 네 믿음이 너를 구원하였으니
평안히 가라
네 병에서 놓여 건강할지어다"*

* 마가복음 5장 34절.

소녀야 일어나라

죽고 싶었어요
뼈가 으스러지도록 죽고 싶었어요
병명도 모른 채
시름시름 앓았죠
차라리 죽으면 더 좋을 텐데
죽음조차 저를 빗겨갔죠
그렇게 저녁노을이 바뀌길 여러 해
이제 포기할 만큼 내버려뒀죠
그런데 한 사람이 다가왔어요

"달리다굼! 소녀야 일어나라"*

그분이 말씀하셨죠

풀잎이 바람결에 비껴가는 소리를 듣고
고개를 들듯이
저는 일어났어요
두 발로 걸었어요

제 안의 스승이 저를 건져냈어요
그분은 오래전부터 제가 앓아온 것을 보셨나 봐요

그 후로 제 안에 작은 옹달샘이 자리 잡게 됐어요
언제든지 우울한 이들이 찾아와
그 샘을 나눠 마시기를 원해요

---

* 마가복음 5장 41절.

싯딤나무

사막에서 유일하게 산다는
싯딤나무*는

열매도 없이 비바람에 비뚤어진
싯딤나무는

뿌리가 물 있는 데까지 뻗어
가도 가도 끝없는 광야요
사막인 땅에서 자란다

쓸모없는 이 나무가
법궤로 다듬어지고 금으로 입혀져
성막 지성소에 비치되어

하나님의 영광이 임하는
나무 중의 나무가 되었다

---

* 조각목.

갈릴리 호수에서

햇살 가득 반짝이는
갈릴리 호수 선상에서
동방의 나라로부터 찾아온 사람들
손 모아 예배드린다

성경으로만 뵈옵던
예수의 사역지
갈릴리 호수에서
지나온 길이 울컥, 빛 속에 감격한다

"나를 따라오라 내가 너희를 사람을 낚는 어부가 되게 하리라"*

그 옛날 베드로와 안드레를 부르시던 그 음성이
험한 길을 건너 갈릴리를 찾아온 우리들 마음에도 들려와
기쁨과 평강의 물결로 넘쳐난다

---

*마태복음 4장 19절.

꽃잎은

당신 오십 주년 생일에 드린
장미 꽃다발 밑에 그림자가
피아노 밑에 일렁이는 그림자가
키보드 밑에 숨은 그림자가
키보드를 치는 손가락 밑에 그림자가

이십 년을 하루같이 산 야곱처럼
얍복강에서
밤새 씨름하다
뒤집어질 그날이 올까

꽃잎은 아내 대신
온몸으로 우는데……

그리고

다시

세월이 흘렀다

기적 1

겹겹 층에서
날마다 흔들리며
빌고 빈 세월이
이십 년을 넘어
당신이 내게로 다가옴으로
기적같이
내 슬픔은 멎었나이다

병든 이후
당신을 멀리했으나
이제야
병은
당신이 주신 은총임을 깨닫습니다

약하고 무능하고 쓸모없는 것들이
지상에서 때로는 필요한 존재임을 깨닫습니다

당신,

당신이 이 병 깊숙이 들어오셔서
나를 변화시키고 있으니
오늘,
이 기적 같은 삶이 있습니다

기적 2

세상은 공포였어요
아플 때마다
지구 아닌
전—우주, 후—우주가 있는지는 몰라도
내가 아는 지구인들이
서로 손잡고 저 너머의 세계로 옮긴다고 하는데
나는 두 단계나 후퇴하는 세계로 가서
숨은 꽃으로 살라고 그랬지요
누가 얘기하는 것일까요
그때마다 공포로 전 고함쳤지요
중화요리점에서 냉면을 먹고 있는데
내 그릇에 놓인 계란을
종업원에게 막 먹으라고 해서
당신이 화가 났지요
발병 때마다
끝없는 당신의 인내는
오늘 오늘 제가 사는 세상이지요
너무 고통스러워

오늘로 내 삶이 끝났으면 하는데도
오늘은 끝나지 않고
당신과 만난 지 십이 년 흘렀어요
그래요
당신은 신이 내게 보낸 천사예요
일어서야지요
아암, 일어서야지요

그리고 세월이 또 흘렀어요

다리를 만드는 사람

자연은 다리, 움직이는 사닥다리 같은 것
이따금 화살 같은 기도를 쏘아 올린다

밤에 천사들 오르락내리락하는 걸 본 야곱처럼,
어둡고 깊은 합일 속에 긴 메아리
서로 뒤섞이듯,
향기와 빛깔과 소리들 서로 화합한다

흰 옷 입은 천사의 날개 푸드덕거리는 소리 같은,
아가의 웃음소리 같은,
백치 노인의 썩은 이 사이에서 나오는 풋웃음 같은,

다리가 되신 예수 따라
내 몸이 십자가인 걸 뒤늦게 깨닫는다
두 팔을 벌리면 내 몸이 수직으로, 수평으로 다리인 걸
정신과 감각의 환희를 노래 부른다

반전

저는 되살아나고 있어요
오늘 오늘 살다가
일 년, 이 년, 그 후를 바라보게 되었어요

기억한다면,
눈물 골짜기로 지나갈 때에
그곳에 많은 샘이 있을 것이며*

그 샘에서 솟아나는
새 기쁨이
저의 유일한 친구예요

---

* 시편 84편 6절.

진주에서

화장실 천정에서 자꾸 얘기가 들려와
무릎 꿇고 고개를 수그렸지요

"너는 진주의 충견이야"
"진주만 공격 알아?"

화장실 천정에서
누군가 자꾸 나를 데려가려고 해요
퇴근한 남편이
이 방 저 방 나를 찾다가
화장실에 있는 것을 발견하고
안방으로 데려갔지요

나로 인해 고통을 겪는 당신
미안해요

언젠가 우주를 창조하시고
나를 만드신 분이

꼭 낫게 해주실 거예요
우리, 그때까지 참아요
좋은 날이 올 거예요

요나의 물고기 뱃속 가시 같은

그분이 제게 오셨어요
저같이 미천한 자에게도 찾아 오셨어요

골고다 가는 언덕길에
눈 흘김, 입 삐죽거림, 죽여라 죽여라 온갖 고함 소리들
이기고 승리하신 것처럼

하루하루 살아가는
이 작은 자에게도 불이 임했어요

사흘간
요나의 물고기 뱃속 가시 같은
작은 불씨 하나
그분이 제게 주신 선물이지요

너도 알다시피

모세는 여든 살에
사명을 받았다

여든 살 모세에게
꽃피울 날이 다가와
위대한 출애굽의 역사가 시작되었다

너도 알다시피
모세 인생의 후반부는
전반부보다 훨씬 좋았다

이와 같이
어떤 상황 속에서도
하나님은 네가
모세처럼 사명을 갖기를 원한다

선물

선물의 의미는
주는 이도
받는 이도
선물도 없는 것이라는데……

그분은 웃고만 계셨지요 여전히 말이 없으셨지요 다음날 새벽기도 인도해야 해서 만찬회를 뒤로하고 가시던 그분의 뒷모습이 침묵 속에 많은 이야기를 했지요 일주일 뒤 베데스다 교회로 갔지요 예배 중 저 보고 앞으로 나와 고통에 대해 말하라고 했어요 아, 저는 그만 울음이 차올라 말을 못하자 여섯 살 하선이라는 아이가 손수건을 갔다 줬어요 저는 겨우 얘기했지요 이후 매주 그분이 주시는 말씀을 외우면서 저는 자괴감에서 자존감으로 서서히 생각이 바뀌어갔어요

나중에 알게 된 사실,
'하선'이라는 이름은 그분이 지어줬다는군요 제게는 그분이 베데스다 못가에서 은혜를 베푸는 '하나님의 선물' 같았어요 아픈 자들을 깊이 이해하고 격려해주시는 그분은 2013년 11월

3일 새벽에 하늘나라로 가셨다지요 그 후 저는 하늘을 우러러 보는 버릇이 생겼어요

아바 아버지

추운 겨울날 칠팔 명의 노인들이 카페의 한 탁자에 모여앉아 담소할 때, 여든 살쯤 되는 할머니는 평소와는 달리 홀로 침묵하고 있었다 다른 분들은 서로 이런저런 얘기를 나누고 있는데, 검은 코트에 검은 모자 쓴 그분은 45도 각도로 시선을 돌리며 얘기에 끼지도 않고 듣고만 있었다 그걸 바라보는 나의 불안함은 어디에서 오는 것일까 십여 년간 이어온 모임이 곧 공중분해 될 것 같은 이 느낌은 검은 눈빛에서 오는 것일까 아니면 검은빛 배후에 기인하는 것일까 아바 아버지! 이 황량한 공간에서 쌓은 옛정은 어디로 흘러갈까요 검은 코트 검은 모자 안에 담은 온갖 소문은 저들의 입술에서부터 카페 앞 수챗구멍으로나 흘러갈까요 소돔과 고모라 같은 검은 연기 속에서 끝까지 살아남아 지킬 것을 지키지 못하고 떠나는 자와 남는 자, 이 두 부류는 어디에서 연유하는 것일까요 아바 아버지! 이곳에 오셔서 심판하시옵소서

해설

구원(救援)이 오는 방식

백인덕 시인

1.

오랜 자기성찰의 결과이든 순간적인 직정(直情)으로서 표현의 결과이든 상관없이 시는 음성이 아니라 문자로 백지 위에 포박(捕縛)되는 순간, 철회하거나 수정하기 매우 어렵고 까다로운 기록이 된다. 시어들이 조밀하게 짜여 내적으로 단단히 응축하는 모양새를 가졌다면 더더욱 그렇다. 심성신 시인의 작품은 설핏 보자면 세세한 묘사나 이미지의 직조보다는 인과적 계기(繼起)에 따른 시적 진술이 훨씬 우세해 보인다. 하지만 개별 작품들이 생성되고 형상화된 내적 동기와 이에 호출된 시어들의 상관관계 등을 따져 보면 고도로 응축된 발화의 형식임을 어렵지 않게 간파해낼 수 있다. 이번 시집에서 비중

있게 등장하는 '병(病)'과 그 상관어휘들인 '시, 혹, 세월' 등과 그것의 확장이라 할 수 있는 '시간, 증상, 기억' 등은 읽는 방식에 따라서 탄원서나 기도문의 문양을 갖기도 하고, 혹은 반성문이나 남몰래 써야만 하는 치부(恥部)의 기록처럼 보이기도 한다. 하지만 결국에는 '구원에의 희구(希求)와 성취'라는 데서 약간의 다른 문양을 가진 같은 질감(質感)으로 드러난다.

병이 나으면
시인도 사라지리라

단 한 줄의 시를 위하여
시인은 평생을 병과 함께 산다

오,
언제 사라질지 모를 몹쓸 병이여

이 또한 언젠가 지나가리라

—「시인」 전문

위 시에서 1연은 진이정 시인의 「시인」이란 작품에서 가져왔음을 주(註)를 통해 밝히고 있다. '병과 시인'의 관계에 대한 이 선언적 명제는 결국 진이정의 말이지만, 시인의 뜻도 이와 다르지 않을 것이다. 다만 진이정이 병을 제거하기 위해 시인을 삭제하는 방법을 선택했다면 이와 다르게 시인은 "오,/언제 사라질지 모를 몹쓸 병"을 호명하고 추방하고 다시 호명하는 방식을 통해 "이 또한 언젠가 지나가리라"는 결론에 도달한다. '이 또한 지나가는 것'이란 인식은 어떤 사건이나 사물에 부여했던 특별함, 즉 개별적 특이성을 무화(無化)해 일상의 그렇고 그런 다반사로 만들어버리는 것이다. 이처럼 특이성을 일상성 속에 함몰시키면 우리는 삶의 가치와 진성성에 대한 끊임없는 회의라는 부작용을 겪어야만 한다. 하지만 심리적 안정과 여분의 시간에 대한 나름의 계획을 수립할 수 있는 여유, 빈틈, 사이가 생긴다는 긍정적 효과를 갖게 되기도 한다. 김정신 시인이 자서에서 밝힌 바대로 어떻게든 "생(生)의 한 마디를 매듭짓"는 게 가능해진다. 그렇지 않은가, 매듭이란 지금까지 이어져 온 것의 종착지이면서 새로 시작하는 출발점이 아닌가? 그것이 분명한 단절이나 다름을 의미하지는 않지만 어쨌든 구분과 구별의 의미를 함축한다. 같은 듯 다르다는 것을 어휘 자체가 내포하고 있기 때문이다.

마음속으로
빌고 빌었다

새벽 공부를

하루같이 삼 년
나는 약속의 땅에 왔다

그리하여
수없이 오고간
인생의 도상에서
발자국도 없이

약속의 땅에 와서
나는 이방인이 되었다

—「나는 이방인이 되었다」 전문

김정신 시인의 이력을 통해 확인할 수 있듯이 '시인의 길'만큼 의미와 가치를 부여했던 것이 '학문의 길'이었다. "새벽 공부를/하루같이 삼 년"은 그 구체적 정황이다. 삼 년이면 학제상 박사 과정을 말하는 듯싶은데, '새벽 공부'는 그 과정이 여러 사정상 순탄하지 않았음과 거기에 투여한 시인의 노력이 얼마나 경건했는지를 이중적으로 암시한다. 그러나 그 결과는 "약속에 땅에 와서/나는 이방인이 되"는 것으로 드러난다. 「시간강사」라는 작품은 '약속의 땅'과 '이방인'이라는 상반되는 두 개념의 충돌 실상을 여실히 잘 보여준다. 「시간강사 2」에 등장하는 시간강사 24년 차인 b의 "누군가로부터 시간강사란 말만 들어도/온몸이 저려온다"는 통증은 일반적으로 상상하기 어렵다. (시간강사 20년 차인 필자 또한 쓴웃음만 흘릴 뿐이다.)

김정신 시인은 희망했던 두 개의 길, 즉 '시인의 길'과 '학문의 길'에서 지극히 개별적이고 대체 불가능한 아픔을 겪었다. 따라서 시에 소환되는 '기억과 세월'에 늘 아프고 어두운 질감이 배어 있는 것은 너무나 당연한 이치다. 또한, 시인이 '병과 증상'을 언급할 때에도 거기에 데카당스나 낭만적 퇴폐성보다는 실존의 현기(眩氣)가 서려 있을 수밖에 없다. 말 그대로 '신음과 토로'를 읽어내는 것은 어렵지 않다. 하지만 독서의 방향을 바꿔 시인이 간절하게 희망하는 구원의 방식에 대해 생각해보는 것도 이번 시집의 대부분을 아우를 수 있는 적절한 시도가 되기 충분하다. 따라서 필자는 그 길을 찾아보고자 한다.

2.

주지의 사실이지만, 시인에게 시대와 역사는 그가 숨 쉴 수 있는 대기이며 추락과 비상을 가능하게 하는 자유 조건이다. 시인은 선택이라는 부여받은 권리 행사를 통해 현실과의 밀착도를 결정하고 그 결과를 감내하기만 하면 된다. 마찬가지로 가족과 자의식은 한 개인의 존재 근거이며 동시에 한계상

황이기도 하다. 불가항력과 부단한 인정과 투쟁이 가능한 토대이자 세우고 끊임없이 보수(補修)해야 하는 울타리라 할 수 있다. 즉 한 개인은 시대와 역사를 가로지르며 가족과 자아의 교차 어디쯤에서 형성된다고 해도 결코 과언은 아닐 것이다.

살아생전
어머니는 박사 딸에게 공포였다

한평생을
시장 바닥에서 생선을 팔아
딸 다섯을 대학 보낸 당신이건만
박사 딸은
어머니의 그 험한 세월을 정녕 몰랐다

1년 365일
새벽 네 시부터 밤 여덟 시까지의 일을 마치고
귀가하는 어머니에게서 나던 비린내,
그 비린내가 어머니의 훈장인 것을 딸은 정녕 몰랐다

2013년 11월 첫날,
햇빛 속에서
한 줌의 재를 뿌리며

딸은 있음과 없음의 차이를 분명 보았다

어머니는 가고 없다

하지만 이제 어머니는
살아남은 자의 기억 속에만 존재하는 것을

한 여인의 치열한 삶을 하늘은 알기나 하는가

—「어머니의 훈장」 전문

아무리 '친밀감(intimacy)'이 가족의 유대감을 대신하는 사회가 되었다고는 하지만 운명의 발아(發芽)와 성숙이라는 본질적인 측면을 다 상쇄하지는 못한다. 불행하게도 우리는 가족, 특히 부모에게서 오는 어떤 암시를 외면은 해도 온전히 거부하지는 못한다. 시인의 경우에는 아버지보다는 박사 딸에게 공포였던 어머니 쪽이 더 많은 암시를 주었던 것으로 보인다. 그 영향력의 차이는 인용 작품의 "한 여인의 치열한 삶을 하늘은 알기는 하는가"라는 마지막 연에서 유추해볼 수 있다. '치열한 삶'은 구체적으로 "1년 365일/새벽 네 시부터 밤 여덟 시까지의 일" 즉 하루 열여섯 시간의 노동으로 드러난다. 이 노동에 따르는 부수적 흔적, 즉 '비린내'를 시인은 거부하고 회피했었다. 그것은 어쩌면 박사 딸이 가고자 하는 길

에까지 따라올까 봐, 혹은 몸에 밸까 봐 두려워하던 어머니의 오브제였다. 하지만 큰 깨달음, 그 '비린내'가 결국은 '어머니의 훈장'이었음을 인정하고, '한 여인의 치열한 삶'을 하늘마저 인정해주기를 떳떳하게 바라게 된다. 이 당당한 바람은 "딸 다섯을 대학 보낸 당신"에 대한 박사 딸의 최종적인 인정이며 가족애의 회복을 알리는 신호라 읽어도 무방할 것이다.

시인에게 아버지는 예의 그렇듯 가깝고도 먼 존재다. 가깝다는 것은 육신의 근친성을 외면할 수 없기 때문이고, 멀다는 것은 생의 조건을 형성하는 상부 원리로서의 폭압성을 도외시할 수 없기 때문이다.

> "불쌍한 내 아들, 미쳐서 돌아오다니"
>
> 군대 간 최 일병은 뇌염 걸려
> 미쳐서라도 돌아왔지만
>
> 한번 가신 아버지는
> 가족들에게 돌아와
> 미안하다는 말 한마디는 해야 되는 것 아닌가
>
> —「아버지 아버지 내 아버지」 전문

인용 작품에서 "한번 가신"의 구체적인 정황은 드러나지 않는다. '군대'라는 어휘와 여러 부수적인 정보들, 가령 시인의 출생이 제주도라는 것과 시인의 연배 등을 종합해보면 시인의 아버지는 파병되었거나, 어떤 이유로 뭍으로 나가 소원한 사이가 되어버렸던 것 같다. 이는 "달리는 택시 안에서/부고"를 접한 것이나 "화장이 끝난 후/당신의 생이 뼈 몇 개로 압축되어버린/유골단지 받들고/흙 속에 파묻는 의식 앞에/돌아오지 않는 먼 길 가신/믿을 수 없는 환(幻)을 바라보는/겨울 식구들"(「환(幻)」을 담담하게 그려내는 데서 유추할 수 있다. 정리해보면 그것이 비록 낯설고 힘든 것이지만 어머니를 회상했을 때 시인이 '물고기 가족'의 일원이었던 것과 대비해서 아버지는 "겨울 식구들"로 명명되는 차이를 보인다. 이렇듯 시인은 삶의 뜨거움과 차가움을 어휘 상징을 통해 수직으로 마주 세우고 있는 것을 알 수 있다.

어느 날부터인가
내 존재는 당신에게 짐이 되고 있음을 알았다
병든 아내는 단연 이혼감이었나
그런데도 당신은 아내를 버리지 않고
결혼 후 수차례 병원에 입·퇴원시켰고
이사 갈 때마다 데리고 갔다

병든 아내도

당신에게는

"내 뼈 중의 뼈요 살 중의 살"일 수 있을까?

—「부부」 전문

가족이란 분명히 토대이자 울타리다. 가족을 발목을 휘감는 늪이나 위리안치로 느끼는지 아닌지는 조건이기보다는 판단에 가깝다. 또한, 가족은 형성된 것에서 형성해나가는 것이라는 의미로 자연스럽게 이행한다. 이때 가족의 중심에는 '부부'라는 처음이지만 새롭지 않은 관계가 중심축이 된다. 시인은 "어느 날부터인가/내 존재는 당신에게 짐이 되고 있음을 알았다"라고 고백하며 부부의 관계에서 어쩌다 균형추가 기울었음을 가감 없이 드러낸다. 그리고 이어지는 당신의 행위, "결혼 후 수차례 병원에 입·퇴원시켰고/이사 갈 때마다 데리고 갔다"는 것을 판단 중지 상태에서 보여준다. 여기서 "내 뼈 중의 뼈요 살 중의 살"이라는 창세기의 물음을 되짚어볼 필요가 있다. 지금 당신에게 던지는 질문은 부부라는 관계에 대한 관습적 의무와 도리를 묻는 것이 아니다. 그것은 작품 속의 "내 존재"라는 어휘에서 드러나듯 뼈와 살로 이루어진 피조물이지만 그 조건 아래서 형성할 수 있는 관계는 피조물의 형상 안에서 창조를 예견하고 절실하게 간구(懇求)해 그 일부라도 구현하는 적극적 지향으로 전환될 수 있다.

말을 하지 않아도
가슴 저릿저릿 울려 퍼지는
네 미소 뒤의 슬픔은
오늘의 나를 있게 했다

당신이
나의 배후가 되었다

—「나의 배후」 전문

우리가 마음속에서 빌 때 희원(希願)은 더 농도가 짙어지고 도달하는 경로는 짧아진다. 입 밖으로 말이 나올 때 기원의 내용은 음성과 함께 대기로 흩어지고 마음을 실었던 언어들은 이해와 해석이라는 손을 타면서 훼손되거나 희석된다. 따라서 말을 버린 "네 미소 뒤의 슬픔"은 존재의 배후가 되기에 충분한 의지와 장(場, field)을 보여준다. 구태여 '장'이라 표현한 것은 존재를 향한 지향성, 즉 가만히 앉아 세월이 흘러간 뒤에 찾아드는 평온 같은 것이 아니란 점을 강조하고 싶어서다. 시인의 배후는 구원의 방식이 형성되는 형상으로 보면 혼돈이지만 힘의 줄기로 보면 질서화가 진행하는 곳, 바로 여기, 지금이다.

3.

방식은 몇 개의 요건이 충족되었을 때 형성되는 개념이다. 무엇보다 문제, 해결해야 할 문제가 눈앞에 구체적으로 현전(現前)해야 한다. 다음으로는 그 문제를 돌파하는 방향을 결정할 수 있어야 한다. 마지막으로 순수 가정이 아니라 예견으로 결과를 내면화하는 용기가 있어야 한다. 잠재적 결론으로 가정하는 것은 과학이 하는 사유고, 시인은 내면화를 통한 행동, 즉 자기 시의 새로운 경지나 지평에 다다르게 해야만 한다. 시인에게 방식은 시적인 것이고 구원의 방식 또한 시를 통한 드러냄과 되돌려받음 이상도 이하도 아니다.

죽고 싶었어요
뼈가 으스러지도록 죽고 싶었어요
병명도 모른 채
시름시름 앓았죠
차라리 죽으면 더 좋을 텐데
죽음조차 저를 빗겨갔죠
그렇게 저녁노을이 바뀌길 여러 해
이제 포기할 만큼 내버려뒀죠
그런데 한 사람이 다가왔어요

"달리다굼! 소녀야 일어나라"

그분이 말씀하셨죠

풀잎이 바람결에 비껴가는 소리를 듣고
고개를 들듯이
저는 일어났어요
두 발로 걸었어요
제 안의 스승이 저를 건져냈어요
그분은 오래전부터 제가 앓아온 것을 보셨나 봐요

그 후로 제 안에 작은 옹달샘이 자리 잡게 됐어요
언제든지 우울한 이들이 찾아와
그 샘을 나눠 마시기를 원해요

—「소녀야 일어나라」 전문

이번 시집의 3부에 수록된 작품들은 아마도 시인의 성지순례 체험(?)과 성경의 말씀에 의지하여 (명시적으로 표명하고 있지는 않나) 구원의 방식, 아니 정확하게 말하자면 시인이 구워에 이르기 위한 방향을 탐색하는 것으로 보인다. 그 양상은 말씀의 권능에 의지하기도 하고, 관계의 배면에 얽혀 있던 힘을 재발견하여 활성화하는 것으로도 드러난다. 우리는 일반적으로 '배후'를 과거의 사건들이 응결된 곳, 혹은 현재를 조정하는 힘을 지녔지만, 그 힘이 부정적인 영향을 미칠 뿐이라는 편견에 익숙하다. 하지만 시인은 비가 하늘에서 내려도 땅에서 비롯함을 알듯 배후란 광명을 키우는 양육의 장임을 스스로 시인할 것이라 믿는다. "달리다굼, 소녀야 일어나라", 마가복음 5장의 말씀을 김정신 시인은 보여주지만, 필자는 김종삼 시인의 「또 한번 날자꾸나」의 "착하게 살다 간 죽은 이의 죽음도 빌려 보자는/생각도 하면서 천천히/더욱 천천히"라는 시를 상기하는 것으로 답하고 싶다. 시인에게 세월은 그저 흘러간 것이 아니고, 또 그저 흘러갈 뿐인 것은 더더욱 아님을 믿어 의심치 않기에.

이 도서의 국립중앙도서관 출판시도서목록(CIP)은 서지정보유통지원시스템 홈페이지(http://seoji.nl.go.kr)와 국가자료공동목록시스템(http://www.nl.go.kr/kolisnet)에서 이용하실 수 있습니다.(CIP제어번호: CIP2020029469)

문학의전당 시인선 0328

당신이 나의 배후가 되었다

초판 1쇄 인쇄 2020년 7월 20일
초판 1쇄 발행 2020년 7월 27일
지은이 김정신
펴낸이 고영
책임편집 이리영
디자인 헤이존
펴낸곳 문학의전당
출판등록 제448-251002012000043호
주소 충북 단양군 적성면 도곡파랑로 178
전화 043-421-1977
전자우편 sbpoem@naver.com

ISBN 979-11-5896-477-1 03810